GA
JEZELF
UIT DE
WEG

Ga jezelf uit de weg

Een 31-daagse tarot challenge

voor schrijvers en andere creatieven

Mariëlle S. Smith

ISBN 978 94 93250 07 9

Aan iedereen die kaarten leest

INTRODUCTIE

Welkom bij *Ga jezelf uit de weg*, de 31-daagse tarot challenge om schrijvers en andere creatieven weer op weg te helpen en in contact te brengen met hun muze!

Ga jezelf uit de weg is voor elke creatieveling die er klaar voor is om (opnieuw) in verbinding te komen met hun intuïtie om zo meer te leren over hun creatieve processen en obstakels en om erachter te komen wat hun ziel momenteel van hen verlangt op het creatieve vlak.

Hoe werkt het?

Elke dag heeft zijn eigen legging. Op sommige dagen is het één vraag die slechts om één kaart vraagt, op andere dagen bestaat de vraag uit meerdere lagen of zijn er meerdere kaarten nodig. Er zullen momenten zijn waarop het voelt dat er meer kaarten getrokken moeten worden dan de vraag aangeeft. In die gevallen is het devies: volg altijd je intuïtie.

De *challenge* werkt het beste wanneer je je resultaten en interpretaties opschrijft en deze bij je houdt terwijl je je een weg baant door de verschillende vragen. De dagen bouwen op elkaar voort en zullen je vragen om terug te keren naar kaarten die je eerder hebt getrokken. Sommige kaarten komen wellicht meerdere keren tevoorschijn en het reflecteren op deze eerdere momenten zal je helpen om de verschillende lagen af te pellen en dieper te gaan.

Hoewel ik deze *challenge* heb bedacht met mijn favoriete tarotkaarten in gedachten is er geen enkele reden waarom je geen andere vorm van divinatie kan of mag gebruiken om de vragen te beantwoorden. Kies je favoriete orakel- of engelenkaarten, gebruik je kristallen of probeer het met je runenstenen. Gebruik dat wat je aanspreekt. Wil je tijdens het doen van de challenge verschillende methoden door elkaar gebruiken, doe dat dan vooral. Het is tenslotte jouw challenge.

DAG 1

Wat zijn mijn huidige overtuigingen over creativiteit?

Trek een of meer kaarten om deze vraag te beantwoorden. Je weet vanzelf wanneer je klaar bent.

DAG 2

Trek voor elke overtuiging die je hebt ontdekt een kaart.

Waar komt deze overtuiging vandaan?

DAG 3

Welke van deze overtuigingen dienen jou niet (meer)?

Trek een kaart voor elk en vraag: 'Waarom houd ik vast aan deze overtuiging?'

DAG 4

Trek een kaart voor elke overtuiging die jou niet langer dient
en vraag: 'Wat valt er te winnen wanneer ik deze overtuiging
loslaat?'

DAG 5

Ik neem (kaart 1) ter harte en laat (kaart 2) los, zodat ik
(kaart 3).

DAG 6

Wat is momenteel mijn grootste obstakel als het gaat om mijn creatieve proces?

DAG 7

Wat zie ik over het hoofd met betrekking tot dit obstakel?

DAG 8

Wat probeert dit obstakel mij te leren?

DAG 9

Wat moet ik loslaten om dit obstakel te overwinnen of te omzeilen?

DAG 10

Wat is mijn grootste kracht wanneer het gaat om mijn
creativiteit?

Voel je vrij om meerdere kaarten te trekken.

DAG 11

Hoe kan ik deze kracht(en) gebruiken om dit obstakel te
overwinnen?

DAG 12

Wat is mijn grootste zwakke plek wanneer het gaat om mijn
creativiteit?

Mocht je de behoefte voelen om meer dan één kaart te
trekken, trek er dan niet meer dan drie.

DAG 13

Hoe zet deze zwakke plek (of zwakke plekken) mij ertoe aan
om te falen?

DAG 14

Hoe kan ik van deze zwakke plek(ken) een kracht maken?

DAG 15

Op welke manier zou mijn kracht (of krachten) mij
verantwoordelijker kunnen maken?

DAG 16

Welke creatie verlangt mijn ziel nu van mij?

DAG 17

Wat moet ik weten over dit verlangen?

Welke beperkende overtuigingen heb ik met betrekking tot
dit specifieke project?

DAG 19

Wat weerhoudt mij ervan mijn hart en ziel in dit project te storten?

Trek zoveel kaarten als nodig om je hindernissen te bepalen.

Trek een kaart voor elke hindernis die je hebt ontdekt en vraag: 'Wat zie ik over het hoofd met betrekking tot dit obstakel?'

DAG 21

Trek een kaart voor elke hindernis die je hebt ontdekt en
vraag: 'Wat probeert dit obstakel mij te leren?'

DAG 22

Trek een kaart voor elke hindernis die je hebt ontdekt en
vraag: 'Wat moet ik loslaten om dit obstakel te overwinnen
of te omzeilen?'

DAG 23

Mijn grootste zwakke plek met betrekking tot dit project is
(kaart 1) en (kaart 2) is hoe dit tot falen kan leiden.

DAG 24

Hoe kan ik van deze zwakke plek een kracht maken?

DAG 25

Mijn grootste kracht met betrekking tot dit project is (kaart 1)
en dit is de manier (kaart 2) waarop ik deze gebruik om deze
hindernissen te overwinnen of te omzeilen.

DAG 26

Hoe kan deze kracht mij verantwoordelijker maken?

DAG 27

Trek een of meerdere kaarten en vraag: 'Hoe zal dit project mijn ziel voeden?'

DAG 28

Trek een of meerdere kaarten en vraag: 'Hoe zal dit project de
ziel van anderen voeden?'

DAG 29

Ik wijd mezelf toe aan dit project omdat (kaart 1).
Ik zal mezelf verantwoordelijk houden door (kaart 2).

DAG 30

Wanneer ik mezelf in de weg zit, zal ik (kaart 1) zodat ik (kaart 2).

DAG 31

Vanaf deze dag zal ik het volgende onthouden over mijn creativiteit en creatieve proces.

LAAT JE EEN RECENSIE ACHTER?

Auteurs zijn nergens zonder eerlijke recensies en ik zou het dan ook erg waarderen als je er een achterlaat op Goodreads, mijn Facebookpagina facebook.com/mswordsmith of waar je dit boek hebt aangeschaft.

THE CREATIVE CARDSLINGERS

IS HET NIET FIJNER OM SAMEN KAARTEN TE LEGGEN?

Word nu lid van mijn besloten Facebook groep The Creative Cardslingers (wachtwoord **TIGER'S EYE**) en ontmoet andere creatieve kaartlezers, probeer mijn nieuwste kaartleggingen als eerste uit en blijf op de hoogte van alle creatieve projecten waar ik mee bezig ben. De voertaal is Engels.

WIL JE MEER?

Ga dan naar mswordsmith.nl/starterkit voor mijn gratis Engelstalige Get Out of Your Own Way Starter Kit.

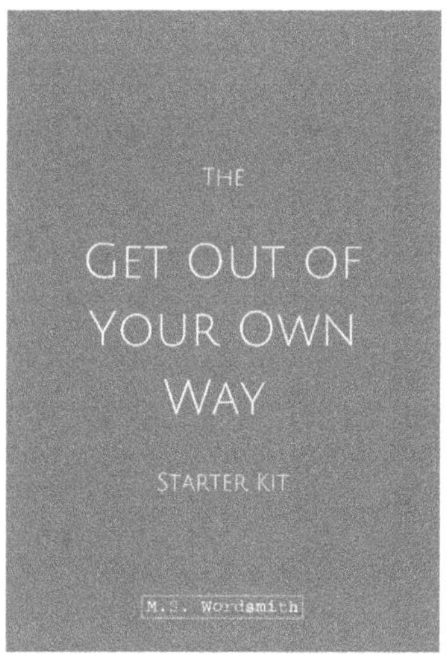

De Get Out of Your Own Way Starter Kit bevat vier verschillende *tools*:

- een oefening rondom beperkende overtuigingen,
- een maandelijks werkblad voor het bijhouden van doelen en reflectie,
- een meditatie over het loslaten van beperkende overtuigingen,
- een tarotlegging over creatieve hindernissen (uit *Tarot for Creatives*),

en is helemaal van jou bij aanmelding voor mijn nieuwsbrief.

OVER MIJ

Ik coach schrijvers en andere creatievelingen, ben redacteur, schrijver, intuïtief healer en organiseer op maat gemaakte (schrijvers)retreats. Alhoewel ik ben geboren in Nederland en aldaar ben opgevoed door mijn Nederlandse moeder en Schotse *expat*vader, woon ik sinds februari 2019 op het eiland Cyprus in de Middellandse zee.

Op een nieuwe plek zijn zorgt er vaak voor dat je dingen anders gaat zien. Je staat open voor andere perspectieven en je loopt plots over van nieuwe ideeën. Of oude ideeën die je nooit echt serieus wilde nemen vragen opeens alle aandacht.

Het organiseren van een tarot challenge was een enge stap voorme. En niet alleen omdat het iets was dat ik nog niet eerder had gedaan: ik heb altijd geprobeerd het spirituele buiten mijn werk te houden. Ik zeg 'geprobeerd', omdat een behoorlijk aantal van mijn cliënten—en het werk dat zij met zich meebrachten—mij dwongen mijn professionele achtergrond te laten samenvloeien met mijn spirituele interesses.

Sommige van hen huurden mij in om hun holistische boeken te redigeren of te vertalen, anderen kwamen naar mij toe om gecoacht te worden en worstelden met iets dat een bredere aanpak nodig had. En dan zijn er nog de tal van schrijvers en andere creatieven in mijn eigen kring die niet zonder hun kristallen, essentiële oliën, kaarten, meditatie, en zo verder lijken te kunnen.

De afgelopen jaren heb ik geleidelijk aan het spirituele toegelaten in mijn werk. Dit boek is een van de vele manifestaties daarvan. Het spreekt voor zich dat ik hoop dat je enorm veel plezier aan dit werk zal beleven en er alles uit weet te halen wat je nodig hebt.

CONTACT

Wil je in contact komen? Er zijn verschillende manieren om en plekken waar je mij kunt vinden:

mswordsmith.nl

marielle@mswordsmith.nl

instagram.com/mariellessmith

facebook.com/mswordsmith

DANKWOORD

Ik wil graag de volgende mensen bedanken

ANDRI dat je dit met mij aandurfde

YIOTA voor het helpen met de afbeeldingen

KAT omdat ze het niet erg vindt dat ze op sommige
foto's staat

mijn VOLGERS voor hun steun, in het bijzonder
degenen die meededen aan de oorspronkelijke
challenge